国家中等职业教育改革发展示范学校规划教材・会计专业

会计分岗实训——主管

会计主管综合业务实训

（活页手册）

主　编　姬玉倩
副主编　尹　静

中国财富出版社

图书在版编目（CIP）数据

会计分岗实训．主管/姬玉倩主编．—北京：中国财富出版社，2015.3
（国家中等职业教育改革发展示范学校规划教材．会计专业）
ISBN 978-7-5047-5689-3

Ⅰ.①会…　Ⅱ.①姬…　Ⅲ.①会计实务—中等专业学校—教材　Ⅳ.①F23

中国版本图书馆 CIP 数据核字（2015）第 086088 号

策划编辑 王淑珍　**责任编辑** 王淑珍　马　琳
责任印制 方朋远　**责任校对** 梁　凡　**责任发行** 斯　琴

出版发行 中国财富出版社
社　　址 北京市丰台区南四环西路 188 号 5 区 20 楼　**邮政编码** 100070
电　　话 010-52227568（发行部）　010-52227588 转 307（总编室）
010-68589540（读者服务部）　010-52227588 转 305（质检部）
网　　址 http://www.cfpress.com.cn
经　　销 新华书店
印　　刷 北京京都六环印刷厂
书　　号 ISBN 978-7-5047-5689-3/F·2379
开　　本 787mm×1092mm　1/16　**版　　次** 2015 年 3 月第 1 版
印　　张 14.75　**印　　次** 2015 年 3 月第 1 次印刷
字　　数 234 千字　**定　　价** 36.00 元（含活页手册）

目　录

实训一　小企业会计主管岗位业务实训

【知识与技能目标】

1. 会运用记账凭证账务处理程序；
2. 会编制资产负债表和利润表；
3. 能够胜任会计主管的工作。

【过程与方法】

通过某个企业某月的经济业务，根据编制的记账凭证逐笔登记总分类账。

【情感态度与价值观】

理论联系实际，在实践中锻炼提高。培养学生的综合实训能力，体验账簿与生活和工作的关系，循序渐进，培养认真、细致、一丝不苟的职业素养。

任务　记账凭证账务处理程序的应用

任务导入

下面是滨海市创意广告艺术有限公司于2014年12月发生的业务，如果你是该公司的会计主管，会运用记账凭证账务处理程序来进行会计核算吗？期待你的表现……

知识准备

一、企业概况

滨海市创意广告艺术有限公司，小型民营企业。法人：李强；注册资本：50万元人民币；开户银行：中国工商银行滨海市洞庭路分理处；账号：108201201080056；税务登记号：12011111513188。公司财务人员2名，会计王丽，出纳员张红。公司需缴纳的税种是营业税及其附加税费，税率为10%，执行《企业会计准则》。

二、2014年12月初总账及有关明细账期初余额如下表所示

总账及有关明细账期初余额

2014年12月

账户名称		金额	
总账账户	明细账户	借方	贷方
库存现金		2 800.00	
银行存款		188 008.00	
应收账款		100 000.00	
	巴特勒实业有限公司	48 000.00	
	和泰商务	52 000.00	
其他应收款		7 000.00	
	李青	2 000.00	
	杨帆	5 000.00	
预付账款		12 600.00	
	房租费	10 800.00	
	财险费	1 800.00	
原材料		258 914.12	
	铜版纸	258 914.12	
固定资产		123 000.00	
累计折旧			16 845.00
应付账款			33 500.00
	美术印刷厂		17 500.00
	精细纸业		16 000.00
短期借款			60 000.00
应交税费			6 660.00
	应交营业税		6 000.00
	应交城市维护建设税		420.00
	教育费附加		180.00
	防洪维护费		60.00
应付职工薪酬			42 964.00
	工资		32 151.00
	职工福利		10 813.00
实收资本			500 000.00
本年利润			32 354.00

续 表

账户名称		金额	
总账账户	明细账户	借方	贷方
主营业务收入			
主营业务成本			
营业税金及附加			
销售费用			
管理费用			
财务费用			
合计		692 323.00	692 323.00

三、2014 年 12 月发生经济业务后，填制的记账凭证如图 1－1 至图 1－28所示

记 账 凭 证

2014年12月2日　　　　记字第 01 号

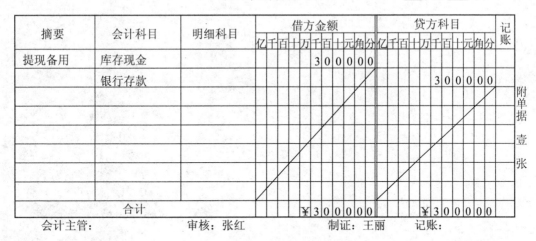

摘要	会计科目	明细科目	借方金额（亿千百十万千百十元角分）	贷方科目（亿千百十万千百十元角分）	记账
提现备用	库存现金		300000		
	银行存款			300000	
合计			¥300000	¥300000	

附单据 壹 张

会计主管：　　审核：张红　　制证：王丽　　记账：

图 1－1　业务 1

记 账 凭 证

2014年12月9日　　　　记 字第 02 号

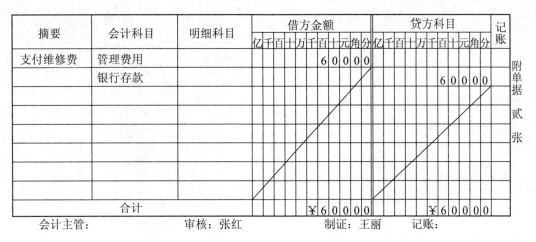

摘要	会计科目	明细科目	借方金额											贷方科目											记账
			亿	千	百	十	万	千	百	十	元	角	分	亿	千	百	十	万	千	百	十	元	角	分	
支付维修费	管理费用								6	0	0	0	0												
	银行存款																			6	0	0	0	0	
合计								¥	6	0	0	0	0						¥	6	0	0	0	0	

附单据贰张

会计主管：　　　　审核：张红　　　　制证：王丽　　　　记账：

图 1－2　业务 2

记 账 凭 证

2014年12月9日　　　　记 字第 03 号

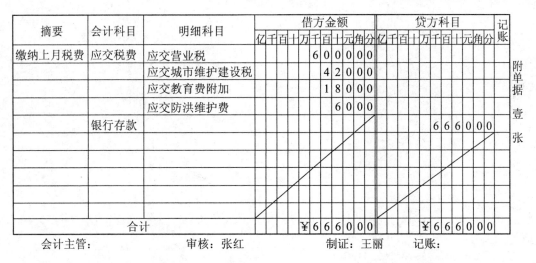

摘要	会计科目	明细科目	借方金额											贷方科目											记账
			亿	千	百	十	万	千	百	十	元	角	分	亿	千	百	十	万	千	百	十	元	角	分	
缴纳上月税费	应交税费	应交营业税						6	0	0	0	0	0												
		应交城市维护建设税							4	2	0	0	0												
		应交教育费附加							1	8	0	0	0												
		应交防洪维护费								6	0	0	0												
	银行存款																		6	6	6	0	0	0	
合计							¥	6	6	6	0	0	0					¥	6	6	6	0	0	0	

附单据壹张

会计主管：　　　　审核：张红　　　　制证：王丽　　　　记账：

图 1－3　业务 3

记 账 凭 证

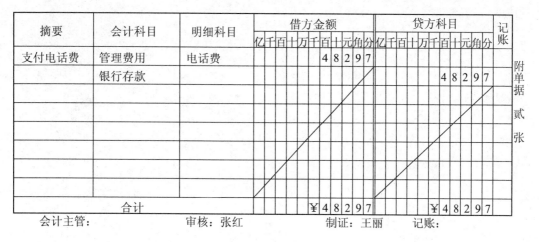

2014年12月10日　　　　　　记字第 04 号

摘要	会计科目	明细科目	借方金额											贷方科目											记账
			亿	千	百	十	万	千	百	十	元	角	分	亿	千	百	十	万	千	百	十	元	角	分	
支付电话费	管理费用	电话费							4	8	2	9	7												
	银行存款																			4	8	2	9	7	
合计								¥	4	8	2	9	7						¥	4	8	2	9	7	

附单据贰张

会计主管：　　　　审核：张红　　　　制证：王丽　　　　记账：

图 1－4　业务 4

记 账 凭 证

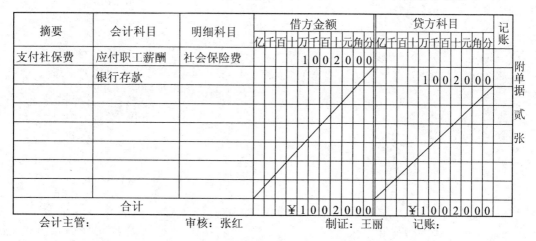

2014年12月12日　　　　　　记字第 05 号

摘要	会计科目	明细科目	借方金额											贷方科目											记账
			亿	千	百	十	万	千	百	十	元	角	分	亿	千	百	十	万	千	百	十	元	角	分	
支付社保费	应付职工薪酬	社会保险费					1	0	0	2	0	0	0												
	银行存款																	1	0	0	2	0	0	0	
合计						¥	1	0	0	2	0	0	0				¥	1	0	0	2	0	0	0	

附单据贰张

会计主管：　　　　审核：张红　　　　制证：王丽　　　　记账：

图 1－5　业务 5

记 账 凭 证

2014年12月13日　　　　　　记 字第 06 号

摘要	会计科目	明细科目	借方金额											贷方科目											记账
			亿	千	百	十	万	千	百	十	元	角	分	亿	千	百	十	万	千	百	十	元	角	分	
收回货款	银行存款						4	8	0	0	0	0	0												
	应收账款	巴特勒																4	8	0	0	0	0	0	
合计						¥	4	8	0	0	0	0	0				¥	4	8	0	0	0	0	0	

附单据壹张

会计主管：　　　　审核：张红　　　　制证：王丽　　　　记账：

图1-6　业务6

记 账 凭 证

2014年12月13日　　　　　　记 字第 07 号

摘要	会计科目	明细科目	借方金额											贷方科目											记账
			亿	千	百	十	万	千	百	十	元	角	分	亿	千	百	十	万	千	百	十	元	角	分	
购复印纸	管理费用	办公费							3	3	2	0	0												
	银行存款																			3	3	2	0	0	
合计								¥	3	3	2	0	0						¥	3	3	2	0	0	

附单据贰张

会计主管：　　　　审核：张红　　　　制证：王丽　　　　记账：

图1-7　业务7

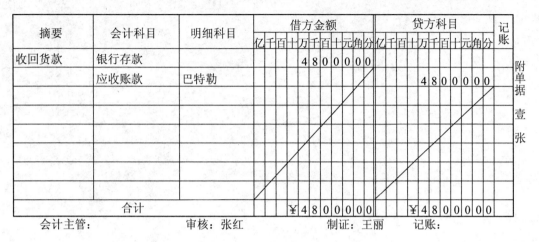

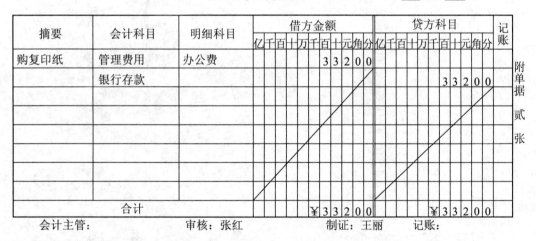

记 账 凭 证

2014年12月13日　　　　　　　　记字第 08 号

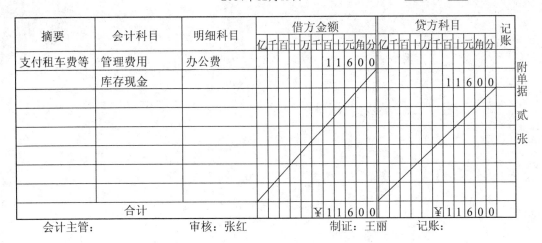

摘要	会计科目	明细科目	借方金额											贷方科目											记账
			亿	千	百	十	万	千	百	十	元	角	分	亿	千	百	十	万	千	百	十	元	角	分	
支付租车费等	管理费用	办公费							1	1	6	0	0												
	库存现金																			1	1	6	0	0	
合计								¥	1	1	6	0	0						¥	1	1	6	0	0	

附单据贰张

会计主管：　　　　审核：张红　　　　制证：王丽　　　　记账：

图 1－8　业务 8

记 账 凭 证

2014年12月13日　　　　　　　　记字第 09 号

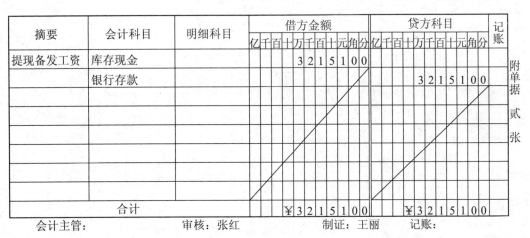

摘要	会计科目	明细科目	借方金额											贷方科目											记账
			亿	千	百	十	万	千	百	十	元	角	分	亿	千	百	十	万	千	百	十	元	角	分	
提现备发工资	库存现金						3	2	1	5	1	0	0												
	银行存款																	3	2	1	5	1	0	0	
合计						¥	3	2	1	5	1	0	0				¥	3	2	1	5	1	0	0	

附单据贰张

会计主管：　　　　审核：张红　　　　制证：王丽　　　　记账：

图 1－9　业务 9

记 账 凭 证

2014年12月15日　　　　记字第 10 号

摘要	会计科目	明细科目	借方金额											贷方科目											记账
			亿	千	百	十	万	千	百	十	元	角	分	亿	千	百	十	万	千	百	十	元	角	分	
发放工资	应付职工薪酬	工资					3	2	1	5	1	0	0												
	库存现金																	3	2	1	5	1	0	0	
合计						¥	3	2	1	5	1	0	0				¥	3	2	1	5	1	0	0	

附单据 壹 张

会计主管：　　审核：张红　　制证：王丽　　记账：

图 1-10　业务 10

记 账 凭 证

2014年12月15日　　　　记字第 11 号

摘要	会计科目	明细科目	借方金额											贷方科目											记账
			亿	千	百	十	万	千	百	十	元	角	分	亿	千	百	十	万	千	百	十	元	角	分	
代扣社保费等	应付职工薪酬	工资						2	8	4	9	0	0												
	应付职工薪酬	社会保险																		9	2	4	0	0	
		住房公积金																	1	9	2	5	0	0	
合计							¥	2	8	4	9	0	0					¥	2	8	4	9	0	0	

附单据 见记10 张

会计主管：　　审核：张红　　制证：王丽　　记账：

图 1-11　业务 11

记 账 凭 证

2014年12月15日　　　　　　　　记字第 12 号

摘要	会计科目	明细科目	借方金额											贷方科目											记账
			亿	千	百	十	万	千	百	十	元	角	分	亿	千	百	十	万	千	百	十	元	角	分	
交纳住房公积	应付职工薪酬	住房公积金						3	8	5	0	0	0												
	银行存款																		3	8	5	0	0	0	
合计							¥	3	8	5	0	0	0					¥	3	8	5	0	0	0	

附单据贰张

会计主管：　　　　审核：张红　　　　制证：王丽　　　　记账：

图 1－12　业务 12

记 账 凭 证

2014年12月18日　　　　　　　　记字第 13 号

摘要	会计科目	明细科目	借方金额											贷方科目											记账
			亿	千	百	十	万	千	百	十	元	角	分	亿	千	百	十	万	千	百	十	元	角	分	
购灯箱	周转材料	低值易耗品—灯箱							9	8	0	0	0												
	银行存款																			9	8	0	0	0	
合计								¥	9	8	0	0	0						¥	9	8	0	0	0	

附单据贰张

会计主管：　　　　审核：张红　　　　制证：王丽　　　　记账：

图 1－13　业务 13

记 账 凭 证

2014年12月18日　　　　　　　　记字第 14 号

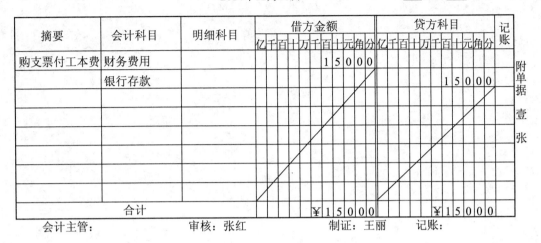

摘要	会计科目	明细科目	借方金额											贷方科目											记账
			亿	千	百	十	万	千	百	十	元	角	分	亿	千	百	十	万	千	百	十	元	角	分	
购支票付工本费	财务费用								1	5	0	0	0												
	银行存款																			1	5	0	0	0	
合计								¥	1	5	0	0	0						¥	1	5	0	0	0	

附单据 壹 张

会计主管：　　　　审核：张红　　　　制证：王丽　　　　记账：

图 1－14　业务 14

记 账 凭 证

2014年12月19日　　　　　　　　记字第 15 号

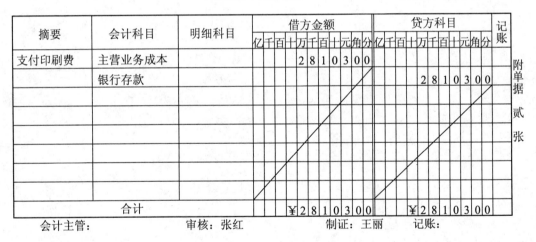

摘要	会计科目	明细科目	借方金额											贷方科目											记账
			亿	千	百	十	万	千	百	十	元	角	分	亿	千	百	十	万	千	百	十	元	角	分	
支付印刷费	主营业务成本						2	8	1	0	3	0	0												
	银行存款																	2	8	1	0	3	0	0	
合计						¥	2	8	1	0	3	0	0				¥	2	8	1	0	3	0	0	

附单据 贰 张

会计主管：　　　　审核：张红　　　　制证：王丽　　　　记账：

图 1－15　业务 15

记 账 凭 证

2014年12月19日　　　　记字第 16 号

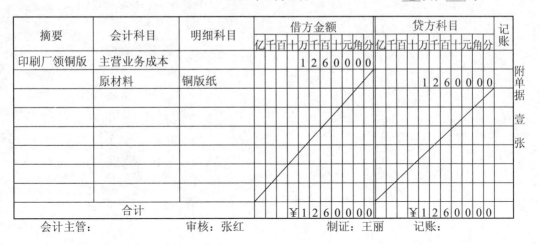

摘要	会计科目	明细科目	借方金额											贷方科目											记账
			亿	千	百	十	万	千	百	十	元	角	分	亿	千	百	十	万	千	百	十	元	角	分	
印刷厂领铜版	主营业务成本						1	2	6	0	0	0	0												
	原材料	铜版纸																1	2	6	0	0	0	0	
合计						¥	1	2	6	0	0	0	0				¥	1	2	6	0	0	0	0	

附单据壹张

会计主管：　　　审核：张红　　　制证：王丽　　　记账：

图 1－16　业务 16

记 账 凭 证

2014年12月20日　　　　记字第 17 号

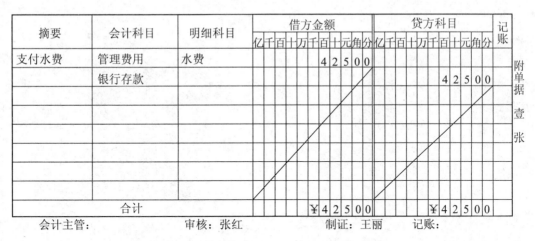

摘要	会计科目	明细科目	借方金额											贷方科目											记账
			亿	千	百	十	万	千	百	十	元	角	分	亿	千	百	十	万	千	百	十	元	角	分	
支付水费	管理费用	水费							4	2	5	0	0												
	银行存款																			4	2	5	0	0	
合计								¥	4	2	5	0	0						¥	4	2	5	0	0	

附单据壹张

会计主管：　　　审核：张红　　　制证：王丽　　　记账：

图 1－17　业务 17

记 账 凭 证

2014年12月22日　　　　记字第 18 号

摘要	会计科目	明细科目	借方金额											贷方科目											记账
			亿	千	百	十	万	千	百	十	元	角	分	亿	千	百	十	万	千	百	十	元	角	分	
提供广告设计	银行存款						6	0	0	0	0	0	0												
	应收账款	建行河北支行						5	8	8	9	0	0												
	主营业务收入																	6	5	8	8	9	0	0	
合计						¥	6	5	8	8	9	0	0				¥	6	5	8	8	9	0	0	

附单据贰张

会计主管：　　　　审核：张红　　　　制证：王丽　　　　记账：

图 1－18　业务 18

记 账 凭 证

2014年12月25日　　　　记字第 19 号

摘要	会计科目	明细科目	借方金额											贷方科目											记账
			亿	千	百	十	万	千	百	十	元	角	分	亿	千	百	十	万	千	百	十	元	角	分	
预付汽车养路	管理费用	杂费							4	4	1	0	0												
	库存现金																			4	4	1	0	0	
合计								¥	4	4	1	0	0						¥	4	4	1	0	0	

附单据叁张

会计主管：　　　　审核：张红　　　　制证：王丽　　　　记账：

图 1－19　业务 19

记 账 凭 证

2014年12月27日　　　　　　记字第 20 号

摘要	会计科目	明细科目	借方金额											贷方科目											记账
			亿	千	百	十	万	千	百	十	元	角	分	亿	千	百	十	万	千	百	十	元	角	分	
支付广告摄影扩印费	销售费用	广告费							2	1	4	0	0												
	银行存款																			2	1	4	0	0	
合计								¥	2	1	4	0	0						¥	2	1	4	0	0	

附单据壹张

会计主管：　　　　审核：张红　　　　制证：王丽　　记账：

图 1-20　业务 20

记 账 凭 证

2014年12月31日　　　　　　记字第 21 号

摘要	会计科目	明细科目	借方金额											贷方科目											记账
			亿	千	百	十	万	千	百	十	元	角	分	亿	千	百	十	万	千	百	十	元	角	分	
结转本月应缴税费及附加税费	营业税金及附加应缴税费							7	3	1	3	0	0												
		应交营业税																	6	5	8	8	0	0	
		应交城市建设维护税																		4	6	1	0	0	
		应交教育费附加																		1	9	7	6	7	
		应交防洪费																			6	5	8	9	
合计							¥	7	3	1	3	0	0					¥	7	3	1	3	0	0	

附单据贰张

会计主管：　　　　审核：张红　　　　制证：王丽　　记账：

图 1-21　业务 21

记 账 凭 证

2014年12月31日　　　　　　　　记 字第 22 号

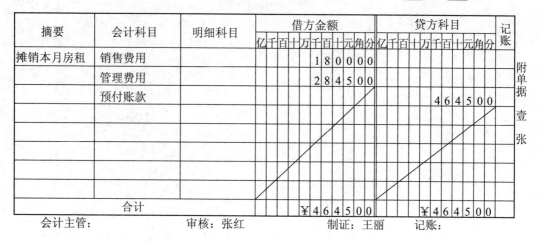

摘要	会计科目	明细科目	借方金额											贷方科目											记账
			亿	千	百	十	万	千	百	十	元	角	分	亿	千	百	十	万	千	百	十	元	角	分	
摊销本月房租	销售费用							1	8	0	0	0	0												
	管理费用							2	8	4	5	0	0												
	预付账款																		4	6	4	5	0	0	
合计							¥	4	6	4	5	0	0					¥	4	6	4	5	0	0	

附单据 壹 张

会计主管：　　　　审核：张红　　　　制证：王丽　　　　记账：

图 1－22　业务 22

记 账 凭 证

2014年12月31日　　　　　　　　记 字第 23 号

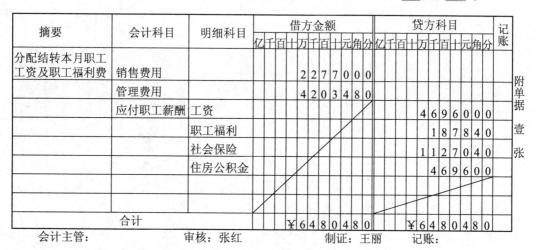

摘要	会计科目	明细科目	借方金额											贷方科目											记账
			亿	千	百	十	万	千	百	十	元	角	分	亿	千	百	十	万	千	百	十	元	角	分	
分配结转本月职工工资及职工福利费	销售费用						2	2	7	7	0	0	0												
	管理费用						4	2	0	3	4	8	0												
	应付职工薪酬	工资																4	6	9	6	0	0	0	
		职工福利																	1	8	7	8	4	0	
		社会保险																1	1	2	7	0	4	0	
		住房公积金																	4	6	9	6	0	0	
合计						¥	6	4	8	0	4	8	0				¥	6	4	8	0	4	8	0	

附单据 壹 张

会计主管：　　　　审核：张红　　　　制证：王丽　　　　记账：

图 1－23　业务 23

记 账 凭 证

2014年12月31日　　　　记字第 24 号

摘要	会计科目	明细科目	借方金额											贷方科目											记账
			亿	千	百	十	万	千	百	十	元	角	分	亿	千	百	十	万	千	百	十	元	角	分	
计提本月固定资产折旧	销售费用	折旧费							4	3	3	0	0												
	管理费用	折旧费						4	6	6	8	0	0												
	累计折旧																		5	1	0	1	0	0	
合计							¥	5	1	0	1	0	0					¥	5	1	0	1	0	0	

附单据 壹 张

会计主管：　　　　审核：张红　　　　制证：王丽　　　　记账：

图 1－24　业务 24

记 账 凭 证

2014年12月31日　　　　记字第 25 号

摘要	会计科目	明细科目	借方金额											贷方科目											记账
			亿	千	百	十	万	千	百	十	元	角	分	亿	千	百	十	万	千	百	十	元	角	分	
预提本月应负担的短期借款利息	财务费用	利息费							5	0	0	0	0												
	应付利息																			5	0	0	0	0	
合计								¥	5	0	0	0	0						¥	5	0	0	0	0	

附单据 壹 张

会计主管：　　　　审核：张红　　　　制证：王丽　　　　记账：

图 1－25　业务 25

记 账 凭 证

2014年12月31日　　　　记字第 26 号

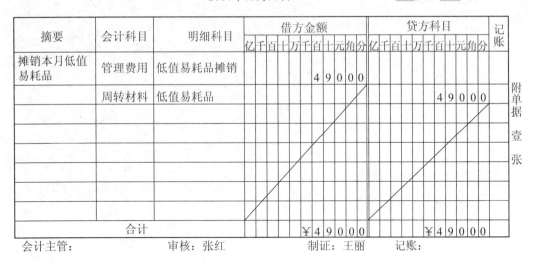

摘要	会计科目	明细科目	借方金额											贷方科目											记账
			亿	千	百	十	万	千	百	十	元	角	分	亿	千	百	十	万	千	百	十	元	角	分	
摊销本月低值易耗品	管理费用	低值易耗品摊销							4	9	0	0	0												
	周转材料	低值易耗品																		4	9	0	0	0	
合计								¥	4	9	0	0	0						¥	4	9	0	0	0	

附单据壹张

会计主管：　　　审核：张红　　　制证：王丽　　　记账：

图 1-26　业务 26

记 账 凭 证

2014年12月31日　　　　记字第 27 号

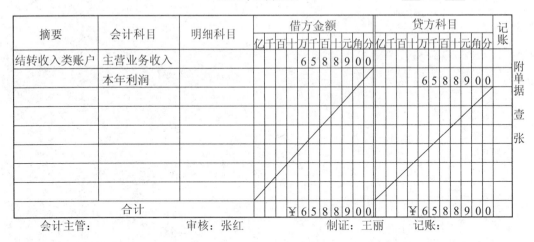

摘要	会计科目	明细科目	借方金额											贷方科目											记账
			亿	千	百	十	万	千	百	十	元	角	分	亿	千	百	十	万	千	百	十	元	角	分	
结转收入类账户	主营业务收入						6	5	8	8	9	0	0												
	本年利润																	6	5	8	8	9	0	0	
合计						¥	6	5	8	8	9	0	0				¥	6	5	8	8	9	0	0	

附单据壹张

会计主管：　　　审核：张红　　　制证：王丽　　　记账：

图 1-27　业务 27

记 账 凭 证

2014年12月31日　　　　　　记字第 28 号

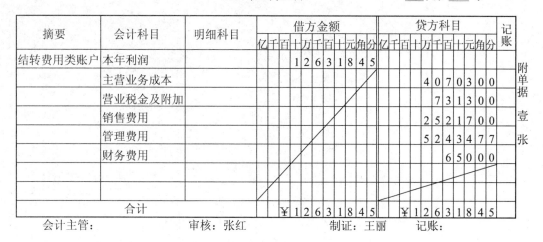

摘要	会计科目	明细科目	借方金额											贷方科目											记账
			亿	千	百	十	万	千	百	十	元	角	分	亿	千	百	十	万	千	百	十	元	角	分	
结转费用类账户	本年利润					1	2	6	3	1	8	4	5												
	主营业务成本																	4	0	7	0	3	0	0	
	营业税金及附加																		7	3	1	3	0	0	
	销售费用																	2	5	2	1	7	0	0	
	管理费用																	5	2	4	3	4	7	7	
	财务费用																			6	5	0	0	0	
合计					¥	1	2	6	3	1	8	4	5			¥	1	2	6	3	1	8	4	5	

附单据壹张

会计主管：　　　　审核：张红　　　　制证：王丽　　记账：

图 1－28　业务 28

四、实训准备

1. 账页

订本账：现金、银行存款日记账各一本；总账一本；三栏式明细账页，数量金额式明细账页，多栏式明细账页各若干页；资产负债表、利润表各一张。

2. 其他

个人名章、企业公章、企业财务专用章、企业法人章等。

五、实训指导

请你按以下步骤完成一个小广告公司 12 月简单的会计循环。

1. 根据资料给出的账户余额，开立相应的总账，并登记期初余额。
2. 根据填制的记账凭证逐步登记总账。
3. 月末结出余额。
4. 根据总账及明细账发生额及余额，编制资产负债表和利润表。

实训二　大中型企业会计主管岗位业务实训

【知识与技能目标】

1. 会运用科目汇总表账务处理程序；
2. 会编制资产负债表和利润表；
3. 能够胜任会计主管的工作。

【过程与方法】

通过某个企业某月的经济业务，根据填制的记账凭证，编制科目汇总表，再根据科目汇总表登记总分类账，最后编制资产负债表和利润表。

【情感态度与价值观】

理论联系实际，在实践中锻炼提高。培养学生的综合实训能力，体验实际工作中不同账务处理程序的运用。

任务　科目汇总表账务处理程序的应用

任务导入

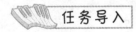

下面是长城机械有限责任公司于 2014 年 12 月发生的业务，如果你是该公司的会计主管，会运用记账凭证账务处理程序来进行会计核算吗？期待你的表现……

知识准备

一、企业概况

长城机械有限责任公司；法人：张金山；公司地址：河北省张山市桥东区维一路 126 号；开户银行：中国工商银行张山市分行桥东支行；账号：685088096001；税务登记号：1906030011167898。公司账务人员 2 名，会计冯磊，出纳员李艳红，会计主管为实习学生。

二、2014年12月初总账及有关科目期初余额（如表2-1至表2-3所示）

表2-1 **总账账户期初余额** 单位：元

科目名称	借方余额	科目名称	贷方余额
库存现金	1 500	短期借款	20 000
银行存款	1 280 500	应付票据	34 000
应收票据	240 000	应付账款	73 700
应收账款	406 000	其他应付款	8 000
其他应收款	5 000	应付职工薪酬	21 000
原材料	754 000	应缴税费	5 800
库存商品	1 378 500	应付利息	1 000
固定资产	1 595 000	实收资本	5 500 000
无形资产	65 000	盈余公积	10 000
		利润分配	52 000
合计	5 725 500	合计	5 725 500

表2-2 **明细账户期初余额表（部分）**

账户名称			借方余额	贷方余额	数量	
总账	明细账				单位	数量
应收账款	黄河有限责任公司		386 000			
	东山有限责任公司		4 500			
	凯山煤矿		15 500			
原材料	槽帮钢		350 000		吨	100
	铝材		350 000		吨	20
	B型件		54 000		件	540
库存商品	刮板输送机		450 000		台	30
	转载机		900 000		台	500
	铲煤机		28 500		台	23

续 表

账户名称		借方余额	贷方余额	数量	
总账	明细账			单位	数量
应付账款	三星机械制造有限公司		54 800		
	宏发有限责任公司		9 700		
	诚达贸易公司		9 200		
应付职工薪酬	应付工资		21 000		
	应付职工福利				
应缴税费	应交营业税		600		
	应交所得税		5 200		
利润分配	未分配利润		52 000		

表 2－3　　1—11 月损益类账户累计发生额　　单位：元

科目名称	借方发生额	贷方发生额
主营业务收入		13 500 000
主营业务成本	9 100 000	
营业税金及附加	30 000	
销售费用	240 000	
管理费用	874 000	
财务费用	265 000	
其他业务收入		132 600
其他业务成本	89 000	
投资收益		42 200
营业外收入		40 000
营业外支出	29 800	
所得税费用	1 090 817	

核算方法包括：（1）原材料采用实际成本法；（2）收入采用销售法确认，商品发出后结转成本；（3）其他采用实际成本核算。

三、2014 年 12 月发生经济业务后，填制的记账凭证如图 2－1 至图 2－32所示

记 账 凭 证

2014年12月1日　　　　记字第 01 号

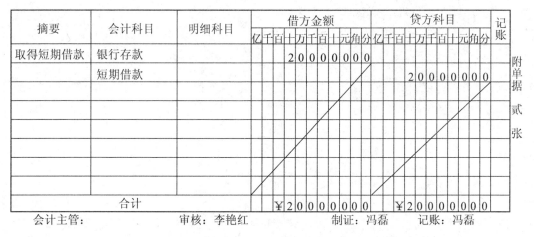

摘要	会计科目	明细科目	借方金额											贷方科目											记账
			亿	千	百	十	万	千	百	十	元	角	分	亿	千	百	十	万	千	百	十	元	角	分	
取得短期借款	银行存款					2	0	0	0	0	0	0	0												
	短期借款																2	0	0	0	0	0	0	0	
合计					¥	2	0	0	0	0	0	0	0			¥	2	0	0	0	0	0	0	0	

附单据贰张

会计主管：　　审核：李艳红　　制证：冯磊　　记账：冯磊

图 2－1　业务 1

记 账 凭 证

2014年12月1日　　　　记字第 02 号

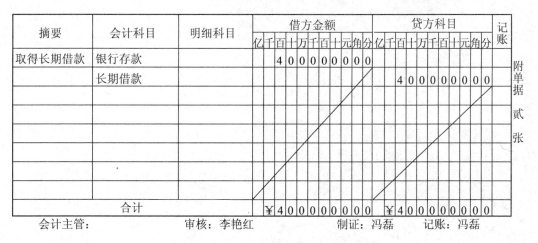

摘要	会计科目	明细科目	借方金额											贷方科目											记账
			亿	千	百	十	万	千	百	十	元	角	分	亿	千	百	十	万	千	百	十	元	角	分	
取得长期借款	银行存款				4	0	0	0	0	0	0	0	0												
	长期借款															4	0	0	0	0	0	0	0	0	
合计				¥	4	0	0	0	0	0	0	0	0		¥	4	0	0	0	0	0	0	0	0	

附单据贰张

会计主管：　　审核：李艳红　　制证：冯磊　　记账：冯磊

图 2－2　业务 2

记 账 凭 证

2014年12月3日　　　　　　　　　　记字第 03 号

摘要	会计科目	明细科目	借方金额											贷方科目											记账
			亿	千	百	十	万	千	百	十	元	角	分	亿	千	百	十	万	千	百	十	元	角	分	
购买铝材	在途物资	铝材					3	5	0	0	0	0	0												
	应缴税费	应缴增值税（进项税额）						5	9	5	0	0	0												
	银行存款																	4	0	9	5	0	0	0	
合计						¥	4	0	9	5	0	0	0				¥	4	0	9	5	0	0	0	

附单据叁张

会计主管：　　　　审核：李艳红　　　　制证：冯磊　　　　记账：冯磊

图 2－3　业务 3

记 账 凭 证

2014年12月5日　　　　　　　　　　记字第 04 号

摘要	会计科目	明细科目	借方金额											贷方科目											记账
			亿	千	百	十	万	千	百	十	元	角	分	亿	千	百	十	万	千	百	十	元	角	分	
铝材验收入库	原材料	铝材					3	7	0	0	0	0	0												
	在途物资	铝材																3	7	0	0	0	0	0	
合计						¥	3	7	0	0	0	0	0				¥	3	7	0	0	0	0	0	

附单据壹张

会计主管：　　　　审核：李艳红　　　　制证：冯磊　　　　记账：冯磊

图 2－4　业务 4

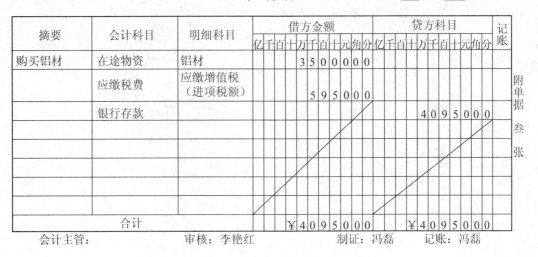

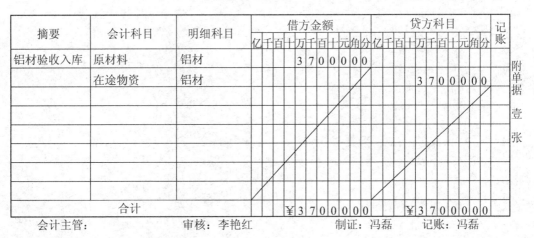

记 账 凭 证

2014年12月7日　　　　记字第 05 号

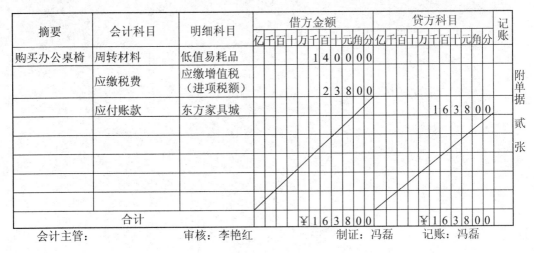

摘要	会计科目	明细科目	借方金额											贷方科目											记账
			亿	千	百	十	万	千	百	十	元	角	分	亿	千	百	十	万	千	百	十	元	角	分	
购买办公桌椅	周转材料	低值易耗品						1	4	0	0	0	0												
	应缴税费	应缴增值税（进项税额）							2	3	8	0	0												
	应付账款	东方家具城																	1	6	3	8	0	0	
合计							¥	1	6	3	8	0	0					¥	1	6	3	8	0	0	

附单据贰张

会计主管：　　　审核：李艳红　　　制证：冯磊　　　记账：冯磊

图 2-5　业务 5

记 账 凭 证

2014年12月8日　　　　记字第 06 号

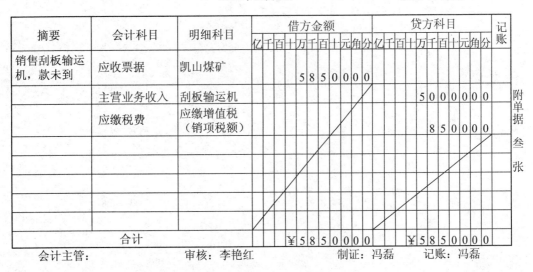

摘要	会计科目	明细科目	借方金额											贷方科目											记账
			亿	千	百	十	万	千	百	十	元	角	分	亿	千	百	十	万	千	百	十	元	角	分	
销售刮板输运机，款未到	应收票据	凯山煤矿					5	8	5	0	0	0	0												
	主营业务收入	刮板输运机																5	0	0	0	0	0	0	
	应缴税费	应缴增值税（销项税额）																	8	5	0	0	0	0	
合计						¥	5	8	5	0	0	0	0				¥	5	8	5	0	0	0	0	

附单据叁张

会计主管：　　　审核：李艳红　　　制证：冯磊　　　记账：冯磊

图 2-6 (a)　业务 6

记 账 凭 证

2014年12月8日　　　　　　　　记字第 07 号

摘要	会计科目	明细科目	借方金额											贷方科目											记账
			亿	千	百	十	万	千	百	十	元	角	分	亿	千	百	十	万	千	百	十	元	角	分	
结转销售成本	主营业务成本	刮板输送机					3	0	0	0	0	0	0												
	库存商品	刮板输送机																3	0	0	0	0	0	0	
合计						¥	3	0	0	0	0	0	0				¥	3	0	0	0	0	0	0	

附单据壹张

会计主管：　　　　审核：李艳红　　　　制证：冯磊　　记账：冯磊

图 2-6（b）　业务 6

记 账 凭 证

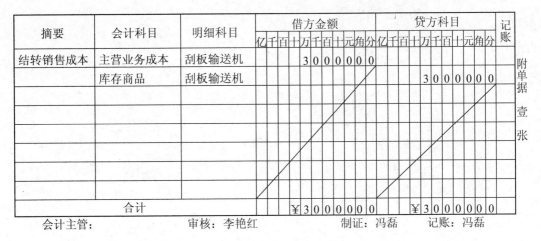

2014年12月9日　　　　　　　　记字第 08 号

摘要	会计科目	明细科目	借方金额											贷方科目											记账
			亿	千	百	十	万	千	百	十	元	角	分	亿	千	百	十	万	千	百	十	元	角	分	
提取备用金	库存现金							3	0	0	0	0	0												
	银行存款																		3	0	0	0	0	0	
合计							¥	3	0	0	0	0	0					¥	3	0	0	0	0	0	

附单据壹张

会计主管：　　　　审核：李艳红　　　　制证：冯磊　　记账：冯磊

图 2-7　业务 7

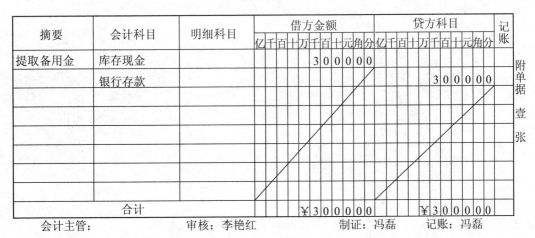

记 账 凭 证

2014年12月11日　　　　　　　　记字第 09 号

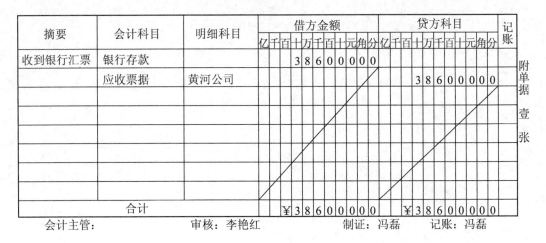

摘要	会计科目	明细科目	借方金额											贷方科目											记账
			亿	千	百	十	万	千	百	十	元	角	分	亿	千	百	十	万	千	百	十	元	角	分	
收到银行汇票	银行存款					3	8	6	0	0	0	0	0												
	应收票据	黄河公司															3	8	6	0	0	0	0	0	
合计					¥	3	8	6	0	0	0	0	0			¥	3	8	6	0	0	0	0	0	

附单据壹张

会计主管：　　　　审核：李艳红　　　　制证：冯磊　　记账：冯磊

图 2－8　业务 8

记 账 凭 证

2014年12月11日　　　　　　　　记字第 10 号

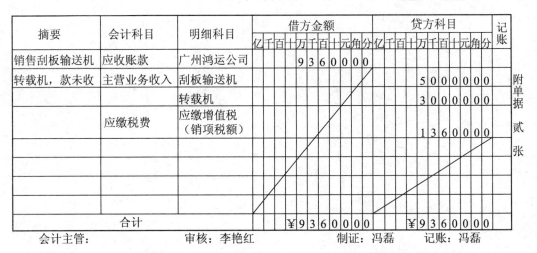

摘要	会计科目	明细科目	借方金额											贷方科目											记账
			亿	千	百	十	万	千	百	十	元	角	分	亿	千	百	十	万	千	百	十	元	角	分	
销售刮板输送机	应收账款	广州鸿运公司					9	3	6	0	0	0	0												
转载机，款未收	主营业务收入	刮板输送机																5	0	0	0	0	0	0	
		转载机																3	0	0	0	0	0	0	
	应缴税费	应缴增值税（销项税额）																1	3	6	0	0	0	0	
合计						¥	9	3	6	0	0	0	0				¥	9	3	6	0	0	0	0	

附单据贰张

会计主管：　　　　审核：李艳红　　　　制证：冯磊　　记账：冯磊

图 2－9（a）　业务 9

记 账 凭 证

2014年12月11日　　　　记字第 11 号

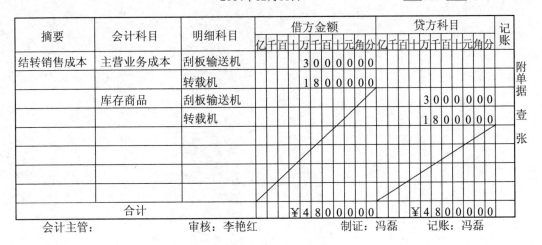

摘要	会计科目	明细科目	借方金额 亿千百十万千百十元角分	贷方科目 亿千百十万千百十元角分	记账
结转销售成本	主营业务成本	刮板输送机	3000000		
		转载机	1800000		
	库存商品	刮板输送机		3000000	
		转载机		1800000	
合计			¥4800000	¥4800000	

附单据壹张

会计主管：　　　　审核：李艳红　　　　制证：冯磊　　　　记账：冯磊

图 2-9（b）　业务 9

记 账 凭 证

2014年12月15日　　　　记字第 12 号

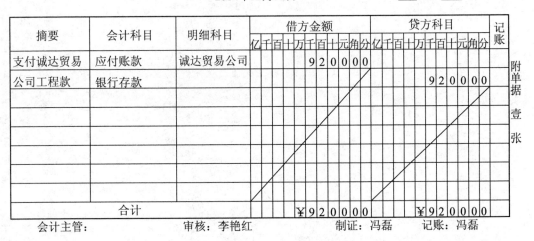

摘要	会计科目	明细科目	借方金额 亿千百十万千百十元角分	贷方科目 亿千百十万千百十元角分	记账
支付诚达贸易	应付账款	诚达贸易公司	920000		
公司工程款	银行存款			920000	
合计			¥920000	¥920000	

附单据壹张

会计主管：　　　　审核：李艳红　　　　制证：冯磊　　　　记账：冯磊

图 2-10　业务 10

记 账 凭 证

2014年12月15日　　　　　　　　记 字第 13 号

摘要	会计科目	明细科目	借方金额											贷方科目											记账
			亿	千	百	十	万	千	百	十	元	角	分	亿	千	百	十	万	千	百	十	元	角	分	
购切割机床	固定资产	切割机床					3	7	2	0	0	0	0												
	应缴税款	应缴增值税（进项税额）						6	3	2	4	0	0												
	银行存款																	4	3	5	2	4	0	0	
合计						¥	4	3	5	2	4	0	0				¥	4	3	5	2	4	0	0	

附单据叁张

会计主管：　　　　审核：李艳红　　　　制证：冯磊　　记账：冯磊

图 2－11　业务 11

记 账 凭 证

2014年12月19日　　　　　　　　记 字第 14 号

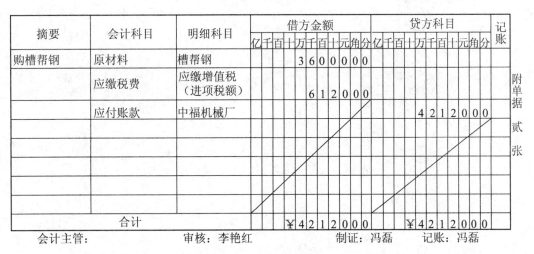

摘要	会计科目	明细科目	借方金额											贷方科目											记账
			亿	千	百	十	万	千	百	十	元	角	分	亿	千	百	十	万	千	百	十	元	角	分	
购槽帮钢	原材料	槽帮钢					3	6	0	0	0	0	0												
	应缴税费	应缴增值税（进项税额）						6	1	2	0	0	0												
	应付账款	中福机械厂																4	2	1	2	0	0	0	
合计						¥	4	2	1	2	0	0	0				¥	4	2	1	2	0	0	0	

附单据贰张

会计主管：　　　　审核：李艳红　　　　制证：冯磊　　记账：冯磊

图 2－12　业务 12

记 账 凭 证

2014年12月20日　　　　　　　　记字第 15 号

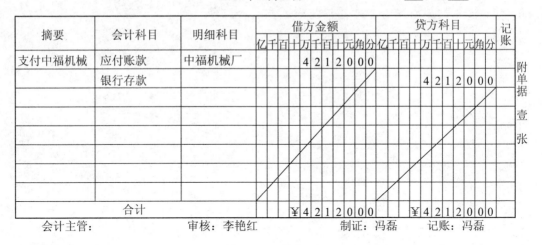

摘要	会计科目	明细科目	借方金额											贷方科目											记账
			亿	千	百	十	万	千	百	十	元	角	分	亿	千	百	十	万	千	百	十	元	角	分	
支付中福机械	应付账款	中福机械厂					4	2	1	2	0	0	0												
	银行存款																	4	2	1	2	0	0	0	
合计						¥	4	2	1	2	0	0	0				¥	4	2	1	2	0	0	0	

附单据壹张

会计主管：　　　　审核：李艳红　　　　制证：冯磊　　记账：冯磊

图 2－13　业务 13

记 账 凭 证

2014年12月22日　　　　　　　　记字第 16 号

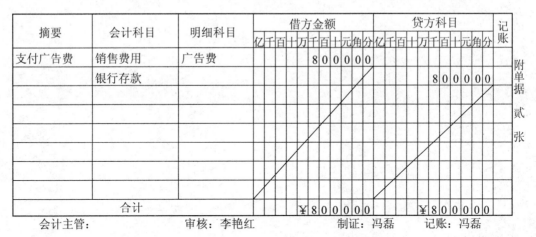

摘要	会计科目	明细科目	借方金额											贷方科目											记账
			亿	千	百	十	万	千	百	十	元	角	分	亿	千	百	十	万	千	百	十	元	角	分	
支付广告费	销售费用	广告费						8	0	0	0	0	0												
	银行存款																		8	0	0	0	0	0	
合计							¥	8	0	0	0	0	0					¥	8	0	0	0	0	0	

附单据贰张

会计主管：　　　　审核：李艳红　　　　制证：冯磊　　记账：冯磊

图 2－14　业务 14

记 账 凭 证

2014年12月22日　　　　　　　　记字第 17 号

摘要	会计科目	明细科目	借方金额											贷方科目											记账
			亿	千	百	十	万	千	百	十	元	角	分	亿	千	百	十	万	千	百	十	元	角	分	
支付培训费	管理费用	职工培训费						3	0	0	0	0	0												
	银行存款																		3	0	0	0	0	0	
合计							¥	3	0	0	0	0	0					¥	3	0	0	0	0	0	

附单据贰张

会计主管：　　　　审核：李艳红　　　　制证：冯磊　　　　记账：冯磊

图 2－15　业务 15

记 账 凭 证

2014年12月24日　　　　　　　　记字第 18 号

摘要	会计科目	明细科目	借方金额											贷方科目											记账
			亿	千	百	十	万	千	百	十	元	角	分	亿	千	百	十	万	千	百	十	元	角	分	
销售转载机	银行存款						7	0	2	0	0	0	0												
	主营业务收入	转载机																6	0	0	0	0	0	0	
	应缴税费	应缴增值税（销项税额）																1	0	2	0	0	0	0	
合计						¥	7	0	2	0	0	0	0				¥	7	0	2	0	0	0	0	

附单据贰张

会计主管：　　　　审核：李艳红　　　　制证：冯磊　　　　记账：冯磊

图 2－16（a）　业务 16

记 账 凭 证

2014年12月24日　　　　　　　　记字第 19 号

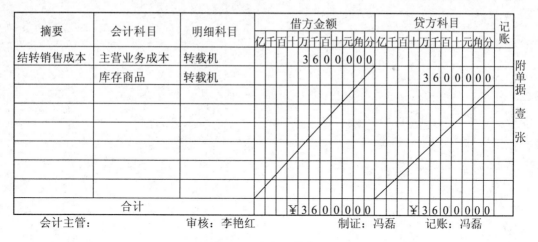

摘要	会计科目	明细科目	借方金额（亿千百十万千百十元角分）	贷方科目（亿千百十万千百十元角分）	记账
结转销售成本	主营业务成本	转载机	3600000		
	库存商品	转载机		3600000	
合计			¥3600000	¥3600000	

附单据壹张

会计主管：　　　　审核：李艳红　　　　制证：冯磊　　　　记账：冯磊

图 2－16（b）　业务 16

记 账 凭 证

2014年12月24日　　　　　　　　记字第 20 号

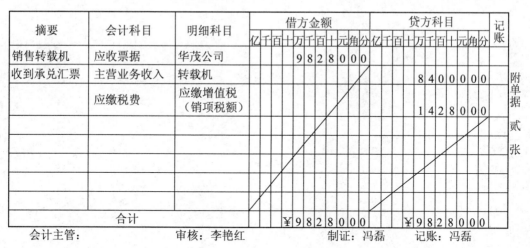

摘要	会计科目	明细科目	借方金额（亿千百十万千百十元角分）	贷方科目（亿千百十万千百十元角分）	记账
销售转载机	应收票据	华茂公司	9828000		
收到承兑汇票	主营业务收入	转载机		8400000	
	应缴税费	应缴增值税（销项税额）		1428000	
合计			¥9828000	¥9828000	

附单据贰张

会计主管：　　　　审核：李艳红　　　　制证：冯磊　　　　记账：冯磊

图 2－17（a）　业务 17

记 账 凭 证

2014年12月24日　　　　记字第 21 号

摘要	会计科目	明细科目	借方金额											贷方科目											记账
			亿	千	百	十	万	千	百	十	元	角	分	亿	千	百	十	万	千	百	十	元	角	分	
结转销售成本	主营业务成本	转载机					5	0	4	0	0	0	0												
	库存商品	转载机																5	0	4	0	0	0	0	
合计						¥	5	0	4	0	0	0	0				¥	5	0	4	0	0	0	0	

附单据壹张

会计主管：　　　审核：李艳红　　　制证：冯磊　　　记账：冯磊

图 2－17（b）　业务 17

记 账 凭 证

2014年12月25日　　　　记字第 22 号

摘要	会计科目	明细科目	借方金额											贷方科目											记账
			亿	千	百	十	万	千	百	十	元	角	分	亿	千	百	十	万	千	百	十	元	角	分	
收到支票偿还前欠货款	银行存款							4	5	0	0	0	0												
	应收账款	东山公司																	4	5	0	0	0	0	
合计							¥	4	5	0	0	0	0					¥	4	5	0	0	0	0	

附单据壹张

会计主管：　　　审核：李艳红　　　制证：冯磊　　　记账：冯磊

图 2－18　业务 18

记 账 凭 证

2014年12月25日　　　　　　　　记 字第 23 号

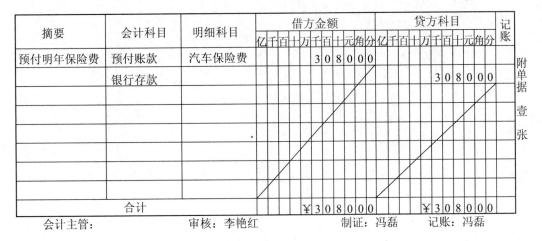

摘要	会计科目	明细科目	借方金额											贷方科目											记账
			亿	千	百	十	万	千	百	十	元	角	分	亿	千	百	十	万	千	百	十	元	角	分	
预付明年保险费	预付账款	汽车保险费						3	0	8	0	0	0												
	银行存款																		3	0	8	0	0	0	
合计							¥	3	0	8	0	0	0					¥	3	0	8	0	0	0	

附单据壹张

会计主管：　　　　审核：李艳红　　　　制证：冯磊　　记账：冯磊

图 2-19　业务 19

记 账 凭 证

2014年12月31日　　　　　　　　记 字第 24 号

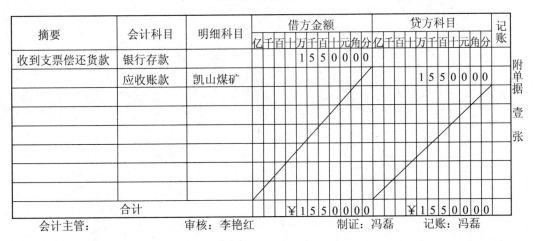

摘要	会计科目	明细科目	借方金额											贷方科目											记账
			亿	千	百	十	万	千	百	十	元	角	分	亿	千	百	十	万	千	百	十	元	角	分	
收到支票偿还货款	银行存款						1	5	5	0	0	0	0												
	应收账款	凯山煤矿																1	5	5	0	0	0	0	
合计						¥	1	5	5	0	0	0	0				¥	1	5	5	0	0	0	0	

附单据壹张

会计主管：　　　　审核：李艳红　　　　制证：冯磊　　记账：冯磊

图 2-20　业务 20

记 账 凭 证

2014年12月31日　　　　　　　　记字第 25 号

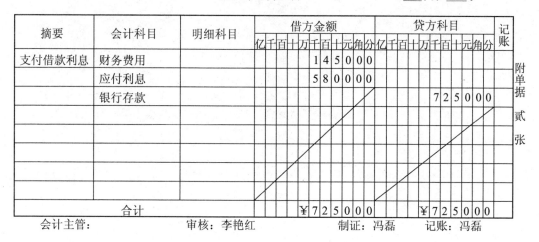

摘要	会计科目	明细科目	借方金额											贷方科目											记账
			亿	千	百	十	万	千	百	十	元	角	分	亿	千	百	十	万	千	百	十	元	角	分	
支付借款利息	财务费用							1	4	5	0	0	0												
	应付利息							5	8	0	0	0	0												
	银行存款																		7	2	5	0	0	0	
合计							¥	7	2	5	0	0	0					¥	7	2	5	0	0	0	

附单据贰张

会计主管：　　　审核：李艳红　　　制证：冯磊　　　记账：冯磊

图 2－21　业务 21

记 账 凭 证

2014年12月31日　　　　　　　　记字第 26 号

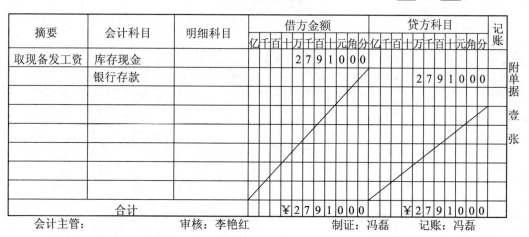

摘要	会计科目	明细科目	借方金额											贷方科目											记账
			亿	千	百	十	万	千	百	十	元	角	分	亿	千	百	十	万	千	百	十	元	角	分	
取现备发工资	库存现金						2	7	9	1	0	0	0												
	银行存款																	2	7	9	1	0	0	0	
合计						¥	2	7	9	1	0	0	0				¥	2	7	9	1	0	0	0	

附单据壹张

会计主管：　　　审核：李艳红　　　制证：冯磊　　　记账：冯磊

图 2－22　业务 22

记 账 凭 证

2014年12月31日　　　　　　　　记字第 27 号

摘要	会计科目	明细科目	借方金额											贷方科目											记账
			亿	千	百	十	万	千	百	十	元	角	分	亿	千	百	十	万	千	百	十	元	角	分	
结算工资	生产成本	转载机						6	9	7	5	0	0												
		传送机						6	9	7	5	0	0												
	制造费用	工资						7	4	1	0	0	0												
	管理费用	工资						7	4	8	0	0	0												
	销售费用	工资							7	0	0	0	0												
	应付职工薪酬	工资																2	9	5	4	0	0	0	
合计						¥	2	9	5	4	0	0	0				¥	2	9	5	4	0	0	0	

附单据壹张

会计主管：　　　　审核：李艳红　　　　制证：冯磊　　记账：冯磊

图 2－23　业务 23

记 账 凭 证

2014年12月31日　　　　　　　　记字第 28 号

摘要	会计科目	明细科目	借方金额											贷方科目											记账
			亿	千	百	十	万	千	百	十	元	角	分	亿	千	百	十	万	千	百	十	元	角	分	
计算增值税	应缴税费	应缴增值税（转出未缴增值税）					2	8	1	8	6	0	0												
	应缴税费	未缴增值税																2	8	1	8	6	0	0	
合计						¥	2	8	1	8	6	0	0				¥	2	8	1	8	6	0	0	

附单据壹张

会计主管：　　　　审核：李艳红　　　　制证：冯磊　　记账：冯磊

图 2－24　业务 24

记 账 凭 证

2014年12月24日　　　　　　记字第 29 号

摘要	会计科目	明细科目	借方金额											贷方科目											记账
			亿	千	百	十	万	千	百	十	元	角	分	亿	千	百	十	万	千	百	十	元	角	分	
计算城建税和教育费附加	营业税金及附加							2	8	1	8	5	2												
	应缴税费	应缴城建税																	1	9	7	3	0	2	
	应缴税费	应缴教育费附加																		8	4	5	5	0	
合计							¥	2	8	1	8	5	2					¥	2	8	1	8	5	2	

附单据 壹 张

会计主管：　　　　审核：李艳红　　　　制证：冯磊　　　　记账：冯磊

图 2－25　业务 25

记 账 凭 证

2014年12月31日　　　　　　记字第 30 号

摘要	会计科目	明细科目	借方金额											贷方科目											记账
			亿	千	百	十	万	千	百	十	元	角	分	亿	千	百	十	万	千	百	十	元	角	分	
提取工会经费	管理费用	工会经费							5	9	0	0	0												
	应付职工薪酬	职工福利																		5	9	0	0	0	
合计								¥	5	9	0	0	0						¥	5	9	0	0	0	

附单据 壹 张

会计主管：　　　　审核：李艳红　　　　制证：冯磊　　　　记账：冯磊

图 2－26　业务 26

记 账 凭 证

2014年12月31日　　　　记 字第 31 号

摘要	会计科目	明细科目	借方金额											贷方科目											记账
			亿	千	百	十	万	千	百	十	元	角	分	亿	千	百	十	万	千	百	十	元	角	分	
提取职工教育经费	管理费用	职工教育经费							4	4	3	1	0												
	应付职工薪酬	职工福利																		4	4	3	1	0	
合计								¥	4	4	3	1	0						¥	4	4	3	1	0	

附单据壹张

会计主管：　　　审核：李艳红　　　制证：冯磊　　　记账：冯磊

图 2－27　业务 27

记 账 凭 证

2014年12月31日　　　　记 字第 32 号

摘要	会计科目	明细科目	借方金额											贷方科目											记账
			亿	千	百	十	万	千	百	十	元	角	分	亿	千	百	十	万	千	百	十	元	角	分	
结转收入类账户	主营业务收入			1	3	7	7	4	0	0	0	0	0												
	其他业务收入					1	3	2	6	0	0	0	0												
	投资收益						4	2	2	0	0	0	0												
	营业外收入						4	0	0	0	0	0	0												
	本年利润														1	3	9	8	8	8	0	0	0	0	
合计			¥	1	3	9	8	8	8	0	0	0	0	¥	1	3	9	8	8	8	0	0	0	0	

附单据壹张

会计主管：　　　审核：李艳红　　　制证：冯磊　　　记账：冯磊

图 2－28（a）　业务 28

记 账 凭 证

2014年12月31日　　　　　　　　记字第 33 号

摘要	会计科目	明细科目	借方金额（亿千百十万千百十元角分）	贷方科目（亿千百十万千百十元角分）	记账
结转费用类账户	本年利润		1081976162		
	主营业务成本			926440000	
	营业税金及附加			3281852	
	管理费用			88859310	
	销售费用			24870000	
	财务费用			26645000	
	其他业务成本			8900000	
	营业外支出			2980000	
合计			¥1081976162	¥1081976162	

附单据壹张

会计主管：　　　审核：李艳红　　　制证：冯磊　　　记账：冯磊

图 2－28（b）　业务 28

记 账 凭 证

2014年12月31日　　　　　　　　记字第 34 号

摘要	会计科目	明细科目	借方金额（亿千百十万千百十元角分）	贷方科目（亿千百十万千百十元角分）	记账
计算本月所得税	所得税费用		2050960		
	应缴税费	应缴所得税		2050960	
合计			¥2050960	¥2050960	

附单据壹张

会计主管：　　　审核：李艳红　　　制证：冯磊　　　记账：冯磊

图 2－29（a）　业务 29

记 账 凭 证

2014年12月31日　　　　　　　　记 字第 35 号

摘要	会计科目	明细科目	借方金额											贷方科目											记账
			亿	千	百	十	万	千	百	十	元	角	分	亿	千	百	十	万	千	百	十	元	角	分	
结转全年所得税	本年利润				1	1	1	1	3	2	6	6	0												
	所得税费用															1	1	1	1	3	2	6	6	0	
合计				¥	1	1	1	1	3	2	6	6	0		¥	1	1	1	1	3	2	6	6	0	

附单据壹张

会计主管：　　　　审核：李艳红　　　　制证：冯磊　　　　记账：冯磊

图 2-29（b）　业务 29

记 账 凭 证

2014年12月31日　　　　　　　　记 字第 36 号

摘要	会计科目	明细科目	借方金额											贷方科目											记账
			亿	千	百	十	万	千	百	十	元	角	分	亿	千	百	十	万	千	百	十	元	角	分	
结转全年所得税	本年利润				2	0	5	7	7	1	1	7	8												
	利润分配	未分配利润														2	0	5	7	7	1	1	7	8	
合计				¥	2	0	5	7	7	1	1	7	8		¥	2	0	5	7	7	1	1	7	8	

附单据壹张

会计主管：　　　　审核：李艳红　　　　制证：冯磊　　　　记账：冯磊

图 2-30　业务 30

记 账 凭 证

2014年12月31日　　　　　　　　　　记字第 37 号

摘要	会计科目	明细科目	借方金额											贷方科目											记账
			亿	千	百	十	万	千	百	十	元	角	分	亿	千	百	十	万	千	百	十	元	角	分	
提取盈余公积	利润分配	提取法定盈余公积				2	0	5	7	7	1	1	8												
		提取公益金				1	0	2	8	8	5	5	9												
	盈余公积	提取法定盈余公积															2	0	5	7	7	1	1	8	
		提取公益金															1	0	2	8	8	5	5	9	
合计					¥	3	0	8	6	5	6	7	7			¥	3	0	8	6	5	6	7	7	

附单据壹张

会计主管：　　　　审核：李艳红　　　　制证：冯磊　　　记账：冯磊

图 2-31　业务 31

记 账 凭 证

2014年12月31日　　　　　　　　　　记字第 38 号

摘要	会计科目	明细科目	借方金额											贷方科目											记账
			亿	千	百	十	万	千	百	十	元	角	分	亿	千	百	十	万	千	百	十	元	角	分	
结转利润分配下的明细科目	利润分配	未分配利润				3	0	8	6	5	6	7	7												
	利润分配	提取法定盈余公积															2	0	5	7	7	1	1	8	
		提取公益金															1	0	2	8	8	5	5	9	
合计					¥	3	0	8	6	5	6	7	7			¥	3	0	8	6	5	6	7	7	

附单据壹张

会计主管：　　　　审核：李艳红　　　　制证：冯磊　　　记账：冯磊

图 2-32　业务 32

四、实训准备

1. 账页

订本账：现金、银行存款日记账各一本；总账一本；三栏式明细账页，数量金额式明细账页，多栏式明细账页各若干页；科目汇总表、资产负债表、利润表各一张。

2. 其他

个人名章、企业公章、企业财务专用章、企业法人章，以及记账凭证装订封面及封底一套；胶水、印台等。

五、实训指导

请你按以下步骤完成一个该公司12月简单的会计循环。

（1）根据资料给出的账户余额，开立相应的总账，并登记期初余额。

（2）根据填制的科目汇总表逐步登记总账。

（3）月末结出余额。

（4）根据总账及明细账发生额及余额，编制资产负债表和利润表。

（5）将本月会计凭证装订成册。

附：业务所需的原始凭证：

长城机械有限责任公司2014年12月发生业务如下。

附1

中国工商银行借 款 凭 证（回单）

单位编号：　　　　　　日期：2014年12月1日　　　　　　银行编号：0110

<table>
<tr><td rowspan="3">借款人</td><td>名　称</td><td colspan="3">长城机械有限责任公司</td><td rowspan="3">收款人</td><td>名　称</td><td colspan="9">长城机械有限责任公司</td></tr>
<tr><td>账　号</td><td colspan="3">685088096001</td><td>往来账号</td><td colspan="9">145685088096002</td></tr>
<tr><td>开户银行</td><td colspan="3">工行张山桥东支行</td><td>开户银行</td><td colspan="9">工行张山桥东支行</td></tr>
<tr><td colspan="2">借款期限
（最后还款日）</td><td colspan="3">2015年3月31日</td><td colspan="2">借款计划指标</td><td colspan="9"></td></tr>
<tr><td colspan="2" rowspan="2">借款申请金额</td><td colspan="5" rowspan="2">人民币（大写）：贰拾万元整</td><td>千</td><td>百</td><td>十</td><td>万</td><td>百</td><td>十</td><td>元</td><td>角</td><td>分</td></tr>
<tr><td></td><td>¥</td><td>2</td><td>0</td><td>0</td><td>0</td><td>0</td><td>0</td><td>0</td></tr>
<tr><td colspan="2" rowspan="2">借款原因及用途</td><td colspan="2" rowspan="2">生产经营周转用</td><td colspan="3" rowspan="2">银行核对金额</td><td>千</td><td>百</td><td>十</td><td>万</td><td>百</td><td>十</td><td>元</td><td>角</td><td>分</td></tr>
<tr><td></td><td>¥</td><td>2</td><td>0</td><td>0</td><td>0</td><td>0</td><td>0</td><td>0</td></tr>
</table>

<table>
<tr><td>期限</td><td>计划还款日期</td><td>√</td><td>计划还款金额</td><td rowspan="5">分次还款记录</td><td>期次</td><td>还款日期</td><td>还款金额</td><td>结欠</td></tr>
<tr><td></td><td></td><td></td><td></td><td></td><td></td><td></td><td></td></tr>
<tr><td></td><td></td><td></td><td></td><td></td><td></td><td></td><td></td></tr>
<tr><td></td><td></td><td></td><td></td><td></td><td></td><td></td><td></td></tr>
<tr><td></td><td></td><td></td><td></td><td></td><td></td><td></td><td></td></tr>
<tr><td colspan="4">备注：月利率6‰，期限4个月</td><td colspan="5">上述借款业已同意贷给并转入你单位往来账户借款到期时应按期归还　　此致
借款单位
张山工商银行桥东支行 财务专用章
（银行盖章）　2014年12月1日</td></tr>
</table>

附 2

中国工商银行进 账 单（收账通知）

日期：2014 年 12 月 1 日　　　　第 43 号

收款人	全　称	长城机械制造公司	付款人	全　称	张山市工商银行桥东支行
	账　号	685088096001		账　号	68468123405
	开户银行	张山工行桥东支行		开户银行	张山工行营业部

人民币（大写）	千	百	十	万	千	百	十	元	角	分
贰拾万元整		¥	2	0	0	0	0	0	0	0

票据种类	借款凭证	张山市工行桥东支行 2014.12.01 收讫
票据张数	1 张	
单位主管：　会计： 复　核：　记账：		收款人开户行盖章

此联是持票人开户行给持票人的收账通知

附 3

中国工商银行贷 款 申 请 书（第四联）

贷款日期：2014 年 12 月 1 日　　　　字 456485 号

贷款单位全称	长城机械有限责任公司	贷款户账　号	685088096001	存款户账　号	685088096001

贷款金额（大写）	亿	千	百	十	万	千	百	十	元	角	分
肆佰万元整		¥	4	0	0	0	0	0	0	0	0

贷款种类	购建设备	年利息率	5%	约定还款日期：2016 年 12 月 1 日

上列借款已核准发放并转入指定账记户 张家口工商银行桥东支行 财务专用章 致 （银行签章）	备注

附 4

中国工商银行进 账 单（收账通知）

日期：2014 年 12 月 1 日　　　　第 49 号

收款人	全　称	长城机械制造公司	付款人	全　称	张山市工商银行桥东支行
	账　号	685088096001		账　号	68468123405
	开户银行	张山工行桥东支行		开户银行	张山工行营业部

人民币（大写）	千	百	十	万	千	百	十	元	角	分
肆佰万元整	¥	4	0	0	0	0	0	0	0	0

票据种类	借款凭证	张山市工行桥东支行 2014.12.01 收讫
票据张数	1 张	
单位主管：　会计： 复　核：　记账：		收款人开户行盖章

此联是持票人开户行给持票人的收账通知

附 5

山东省增值税专用发票

No130062140

全国统一发票监制章 山东省 国家税务局监制

开票日期：2014 年 12 月 02 日

购货单位	名　　称：长城机械有限责任公司 纳税人识别号：1906030011167898 地 址、电 话：张山市维一路 126 号 开户行及账号：工行东支 685088096001	密码区

货物或应税劳务名称	规格型号	单位	数量	单价	金额	税率	税额
铝材		吨	2	17500	35000.00	17%	5950.00
合　计：			2		35000.00		5950.00
价税合计（大写）	⊗肆万零玖佰伍拾元整				（小写）¥40950.00		

销货单位	名　　称：山东铝业有限责任公司 纳税人识别号：370102800317373 地 址、电 话：山东维坊 开户行及账号：232901040000313	备　注	山东铝业有限责任公司 发票专用章

收款人：　　复核：　　开票人：宏力　　销货单位：（章）

第二联：发票联　购货方记账凭证

附 6

山东省增值税专用发票

№130062140

开票日期：2014 年 12 月 02 日

购货单位	名　　称：长城机械有限责任公司 纳税人识别号：1906030011167898 地 址、电 话：张山市维一路 126 号 开户行及账号：工行东支 685088096001			密码区			
货物或应税劳务名称	规格型号	单位	数量	单价	金额	税率	税额
铝材		吨	2	17500	35000.00	17%	5950.000
合　计：			2		35000.00		5950.00
价税合计（大写）	⊗肆万零玖佰伍拾元整				（小写）￥40950.00		
销货单位	名　　称：山东铝业有限责任公司 纳税人识别号：370102800317373 地 址、电 话：山东维坊 开户行及账号：232901040000313			备　注			

第一联：抵扣联　购货方抵扣凭证

收款人：　　复核：　　开票人：宏力　　销货单位：（章）

附 7

山东省公路内河货物运输业统一发票

备查号　　发票代码：237030411102

开票日期：2014－12－02　　发票号码：00007457

机打代码 机打号码 机器编号	237030411102 00007457	税控码	
收货人及纳税人识别号	长城机械有限公司 1906030011167898	承运人及纳税人识别号	联运公司 370102800965337
发货人及纳税人识别号	东山铝业公司 370102800317373	主管税务机关及代码	237030503
运输项目及金额	货物名称　数量　运费金额 铝材　2 吨　2000	其他项目及金额	备注（手写无效） 代开单位盖章
运费小计	￥2000.00	其他费用小计	
合计（大写）	贰仟元整　（小写）￥2000.00		
代开单位及代码	地税局 237030503	扣缴税额、税率完税凭证号码	

第二联：发票联　付款方记账凭证

开票人：丁大力

附 8

邮

中国工商银行托收承付结算凭证（支款凭证）

第 0224 号
托收号码：

承付期限
到期

委托日期：2014 年 12 月 2 日

收款单位	全　称	山东铝业公司			付款单位	全　称	长城机械有限公司	
	账　号	232901040000313				账号或地址	685088096001	
	开户银行	维坊农行	行号	35587		开户银行	东山工商桥东支行	

托收金额	人民币（大写）肆万贰仟玖佰伍拾元整	千	百	十	万	千	百	十	元	角	分
					4	2	9	5	0	0	0

附　件		商品发运情况	合同名称号码
附寄单证张数或册数	2 张	已发出	

备注	银行意见： 东山农行西街支行 2014.12.03 付讫 （收款单位开户行盖章）月　日	科目（付）…… 对方科目（收）…… 转账　　年　月　日 复核员：　记账员：

付款单位开户行收到日期　　2014 年 12 月 3 日

附 9

收　料　单

材料科目：原材料
材料类别：原料及主要材料
供应单位：山东铝业公司　　2014 年 12 月 5 日

编号：102
收料仓库：2 号仓库
发票号码：007430

材料编号	材料名称	规格	计量单位	数量		实际价格			
				应收	实收	单价	发票金额	运费	合计
002	铝材		吨	2	2	17 500	35 000	2 000	37 000
备　注									

采购员：李振江　　检验员：王连富　　记账员：李海波　　保管员：李达

附 10

河北省增值税专用发票

№130062140

全国统一发票监制章 河北省 国家税务局监制

开票日期：2014 年 12 月 7 日

购货单位	名　　称：长城机械有限责任公司 纳税人识别号：1906030011167898 地 址、电 话：张山市维一路 126 号 开户行及账号：工行东支 685088096001			密码区			
货物或应税劳务名称	规格型号	单位	数量	单价	金额	税率	税额
办公桌		张	4	300	1200	17%	204
办公椅		把	4	50	200	17%	34
合　计：					1400		238
价税合计（大写）	⊗壹仟陆佰叁拾捌元整				（小写）￥1638.00		
销货单位	名　　称：东方家具城 纳税人识别号：370103002245765 地 址、电 话： 开户行及账号：232901040024124			备　注	东方家具城 发票专用章		

收款人：　　复核：　　开票人：王宏　　销货单位：（章）

第二联：发票联　购货方记账凭证

附 11

河北省增值税专用发票

№130062140

全国统一发票监制章 河北省 国家税务局监制

开票日期：2014 年 12 月 7 日

购货单位	名　　称：长城机械有限责任公司 纳税人识别号：1906030011167898 地 址、电 话：张山市维一路 126 号 开户行及账号：工行东支 685088096001			密码区			
货物或应税劳务名称	规格型号	单位	数量	单价	金额	税率	税额
办公桌		张	4	300	1200	17%	204
办公椅		把	4	50	200	17%	34
合　计：					1400		238
价税合计（大写）	⊗壹仟陆佰叁拾捌元整				（小写）￥1638.00		
销货单位	名　　称：东方家具城 纳税人识别号：370103002245765 地 址、电 话： 开户行及账号：232901040024124			备注	东方家具城 发票专用章		

收款人：　　复核：　　开票人：王宏　　销货单位：（章）

第一联：抵扣联　购货方抵扣凭证

附 12

周转材料
入库单

字第 6701 号

2014 年 12 月 7 日　　单位：元

发货地点					供应单位		东方家具城	备注		
库名	编号	名称	单位	规格	入库			单张据数	实收	
					数量	单价	金额		数量	金额
		办公桌	张		4	300	1 408		4	1 408
		办公椅	把		4	50	234		4	234

三联送交财务会计

会计：刘进东　　保管：李达　　采购员：李振江　　制单：李达

附 13

河北省增值税专用发票

此联不作报销、扣税凭证使用　　No130062140

开票日期：2014 年 12 月 8 日

购货单位	名　　称：凯山煤矿有限公司 纳税人识别号：2709823100431730 地 址、电 话：太原市 3578661 开户行及账号：工行营业部 2578991102				密码区		
货物或应税劳务名称	规格型号	单位	数量	单价	金额	税率	税额
刮板输送机		台	2	25000	50000.00	17%	8500.00
合　计：					50000.00		8500.00
价税合计（大写）	⊗伍万捌仟伍佰元整				（小写）￥58500.00		
销货单位	名　　称：长城机械有限责任公司 纳税人识别号：1906030011167898 地 址、电 话：张山市维一路 126 号 开户行及账号：工行东支 685088096001				备　注		

第三联：记账联　销货方记账凭证

收款人：　　复核：　　开票人：张力宏　　销货单位：（章）

附 14

商业承兑汇票 2

IX IV 42476901

签发日期：2014 年 12 月 8 日　　　　第 105 号

付款人	全　称	凯山煤矿有限责任公司			付款人	全　称	长城机械制造公司								
	账　号	2578991102				账　号	685088096001								
	开户银行	工行营业部	行号	1346		开户银行	工行桥东支行	行号	6781						
汇票金额		人民币（大写）：伍万捌仟伍佰元整				千	百	十	万	千	百	十	元	角	分
								¥	5	8	5	0	0	0	0
汇票到期日		贰零壹伍年 零叁 月 零叁 日			交易合同号	18676									

本汇票一经本单位承诺，到期日无条件支付票款。

此致

凯山煤矿有限责任公司 财务专用章

付款人盖章

负责：王梅　经办：刘永　2014 年 12 月 8 日

本汇票请予以承兑与到期日付款利率（年）7.2%。

凯山煤矿有限责任公司 财务专用章

汇票签发人盖章

负责：王梅　经办：刘永　2014 年 12 月 8 日

此联是收款人开户行随结算凭证寄付款人开户行作借方凭证的附件

附 15

出库通知单

2014 年 12 月 8 日　　　　第 8 号

编号	名称	规格	单位	应发数量	实发数量	单位成本	总价 十	万	千	百	十	元	角	分	附注
	刮板输送机		台	2	2	15 000	¥	3	0	0	0	0	0	0	
	合计						¥	3	0	0	0	0	0	0	

附单据　张

会计：　　仓库主管：　　保管：　　经手：　　制单：

附 16

中国工商银行

现金支票存根

IV Ⅱ 20496025

科　　目________________

对方科目________________

出票日期 2014 年 12 月 9 日

收款人：	长城机械制造公司
金　额：	3000.00
用　途：	补足备用金

单位主管：王海　　会计：李海波

长城机械有……财务专……

附 17

中国工商银行 进 账 单（收账通知）

2014 年 12 月 11 日　　　　第 233 号

收款人	全　称	长城机械制造公司			付款人	全　称	黄河有限责任公司							
收款人	账　号	685088096001			付款人	账　号	6700800202							
收款人	开户银行	张山工行桥东支行			付款人	开户银行	张山工行营业部							
人民币（大写）		叁拾捌万陆仟元整			千	百	十	万	千	百	十	元	角	分
						¥	3	8	6	0	0	0	0	0
票据种类		银行汇票			张山市工行桥东支行 2014.12.11 收讫									
票据张数		1 张												
单位主管：　会计： 复　　核：　记账：					收款人开户行盖章									

此联是持票人开户行给持票人的收账通知

附 18

河北省增值税专用发票

此联不作报销、扣税凭证使用　　　　　　　　　　№130062140

（印章：全国统一发票监制章 河北省 国家税务局监制）

开票日期：2014 年 12 月 11 日

购货单位	名　　　称：广州鸿运有限责任公司 纳税人识别号：150011269813457 地 址、电 话：广州市天河区 开户行及账号：北京路支行 542—17	密码区	

货物或应税劳务名称	规格型号	单位	数量	单价	金额	税率	税额
刮板输送机		台	2	25000	50000.00	17%	8500.00
转载机		台	10	3000	30000.00	17%	5100.00
合　计：					80000.00		13600.00
价税合计（大写）	⊗玖万叁仟陆佰元整　　（小写）¥93600.00						

销货单位	名　　　称：长城机械有限责任公司 纳税人识别号：1906030011167898 地 址、电 话：张山市维一路 126 号 开户行及账号：工行东支 685088096001	备　注	（印章：长城机械有限责任公司 发票专用章）

收款人：　　　　复核：　　　　开票人：张力宏　　　　销货单位：（章）

第三联：记账联　销货方记账凭证

附 19

出 库 通 知 单

2014 年 12 月 11 日　　　　　　　　第 8 号

编号	名称	规格	单位	应发数量	实发数量	单位成本	总价								附　注
							十	万	千	百	十	元	角	分	
	转载机		台	10	10	1 800	¥	1	8	0	0	0	0	0	
	刮板输送机		台	2	2	15 000	¥	3	0	0	0	0	0	0	
	合计						¥	4	8	0	0	0	0	0	

附单据　张

会计：　　　仓库主管：　　　保管：　　　经手：　　　制单：

附 20

中国工商银行

转账支票存根

IV　Ⅱ　20496025

科　　目________________________

对方科目________________________

出票日期　2014 年 12 月 15 日

长城机械有
财务专

收款人：	诚达贸易公司
金　额：	9200.00
用　途：	支付工程款

单位主管：王海　　会计：李海波

附 21

中国工商银行信 汇 凭 证（回单）1

汇款单位编号：　　委托日期：2014 年 12 月 15 日　　第 0789209 号

<table>
<tr><td rowspan="3">收款单位</td><td>全　称</td><td colspan="3">三星机械制造有限公司</td><td rowspan="3">汇款单位</td><td>全　称</td><td colspan="9">长城机械制造公司</td></tr>
<tr><td>账号或住址</td><td colspan="3">515008090016</td><td>账号或住址</td><td colspan="9">685088096001</td></tr>
<tr><td>汇入地点</td><td>江苏省</td><td>汇入行名　称</td><td>东海工行营业部</td><td>汇出地点</td><td>河北省</td><td>汇出行名　称</td><td colspan="7">张山工行桥东支行</td></tr>
<tr><td rowspan="2">金额</td><td colspan="5" rowspan="2">人民币（大写）肆万叁仟伍佰贰拾肆元整</td><td>千</td><td>百</td><td>十</td><td>万</td><td>千</td><td>百</td><td>十</td><td>元</td><td>角</td><td>分</td></tr>
<tr><td></td><td></td><td>¥</td><td>4</td><td>3</td><td>5</td><td>2</td><td>4</td><td>0</td><td>0</td></tr>
<tr><td colspan="5">汇款用途：设备款</td><td colspan="11" rowspan="2">（汇出行盖章）　张山市工行桥东支行 2014.12.04 付讫</td></tr>
<tr><td colspan="5">上列款项已根据委托办理，如须查询，请持此回单来行面洽。</td></tr>
</table>

单位主管：　会计：　复核：　记账：　　2014 年 12 月 15 日

附 22

江苏省增值税专用发票

№130062140

全国统一发票监制章 江苏省 国家税务局监制

开票日期：2014 年 12 月 15 日

购货单位	名　　称：长城机械有限责任公司 纳税人识别号：1906030011167898 地 址、电 话：张山市维一路 126 号 开户行及账号：工行东支 685088096001	密码区					
货物或应税劳务名称	规格型号	单位	数量	单价	金额	税率	税额
线切割机床	DK77160	台	2	18600	37200	17%	6324
合　计：					37200		6324
价税合计（大写）	⊗肆万叁仟伍佰贰拾肆元整			（小写）¥43524.00			
销货单位	名　　称：三星机械制造有限公司 纳税人识别号：5103626455456546 地 址、电 话：江苏东海市南山路 309 号 开户行及账号：0515——27605429 东海工行 5150088096001	备　注	三星机械制造有限公司 发票专用章				

第二联：发票联　购货方记账凭证

收款人：　　复核：　　开票人：张宏达　　销货单位：（章）

附 23

固定资产验收交接单

№00087562

2014 年 12 月 15 日　　金额单位：元

资产编号	资产名称	型号规格或结构面积	计量单位	数量	设备价值或工程造价	设备基础及安装费用	附加费用	合计
	线切割机床	DK77160	台	2	43524			43524
资产来源		耐用年限				主要附属设备	1	
制造厂名		估计残值					2	
制造日期及编号		基本折旧率					3	
工程项目或使用部门		复杂系数					4	

本单一式三联，分送财务部门、上级资产管理部门及交接双方

附 24

河北省增值税专用发票

№130062140

全国统一发票监制章 河北省 国家税务局监制

开票日期：2014 年 12 月 19 日

购货单位	名　　　称：长城机械有限责任公司 纳税人识别号：1906030011167898 地 址、电 话：张山市维一路 126 号 开户行及账号：工行东支 685088096001			密码区			
货物或应税劳务名称	规格型号	单位	数量	单价	金额	税率	税额
槽帮钢	M15	吨	10	3600	36000.00	17%	6120.00
合　计：					36000.00		6120.00
价税合计（大写）	⊗肆万贰仟壹佰贰拾元整				（小写）￥42120.00		
销货单位	名　　　称：中福机械厂 纳税人识别号：2903067849011123 地 址、电 话：张山东海路 190 号 开户行及账号：张山工商银行东海办事处			备　注	中福机械厂 发票专用章		

第二联：发票联　购货方记账凭证

收款人：　　复核：　　开票人：宏达　　销货单位：（章）

附 25

河北省增值税专用发票

№130062140

全国统一发票监制章 河北省 国家税务局监制

开票日期：2014 年 12 月 19 日

购货单位	名　　　称：长城机械有限责任公司 纳税人识别号：1906030011167898 地 址、电 话：张山市维一路 126 号 开户行及账号：工行东支 685088096001			密码区			
货物或应税劳务名称	规格型号	单位	数量	单价	金额	税率	税额
槽帮钢	M15	吨	10	3600	36000.00	17%	6120.00
合　计：					36000.00		6120.00
价税合计（大写）	⊗肆万贰仟壹佰贰拾元整				（小写）￥42120.00		
销货单位	名　　　称：中福机械厂 纳税人识别号：2903067849011123 地 址、电 话：张山东海路 190 号 开户行及账号：张山工商银行东海办事处			备　注	中福机械厂 发票专用章		

第一联：抵扣联　购货方抵扣凭证

收款人：　　复核：　　开票人：宏达　　销货单位：（章）

附 26

收 料 单

材料科目：原材料　　　　编号：103

材料类别：原料及主要材料　　　　收料仓库：2号仓库

供应单位：中福机械厂　　　　2014年12月19日　　　　发票号码：007430

材料	材料名称	规格	计量单位	数量		实际价格			
编号				应收	实收	单价	发票金额	运费	合计
042	槽帮钢	M15	吨	10	10	3 600	36 000	0	36 000
备注									

采购员：李振江　　检验员：王连富　　记账员：李海波　　保管员：李达

附 27

中国工商银行

转账支票存根

IV Ⅱ 20496025

科　　目________________

对方科目________________

出票日期　2014年12月20日

长城机械有……财务专

收款人：中福机械厂
金　额：42120.00
用　途：支付货款

单位主管：王海　　会计：李海波

附 28

张山市电视台收款收据

2014 年 12 月 22 日

<table>
<tr><td>交款人</td><td>长城机械有限责任公司</td><td>交款方式</td><td colspan="8">支票</td></tr>
<tr><td>栏　目</td><td>广告天地</td><td>内容</td><td colspan="8">刨煤机广告费</td></tr>
<tr><td>时间要求</td><td colspan="2">2014 年 12 月 10 日～20 日，
每天中、晚各一次</td><td colspan="8">金　额</td></tr>
<tr><td rowspan="2">金额（大写）</td><td colspan="2" rowspan="2">捌仟元整</td><td>十</td><td>万</td><td>千</td><td>百</td><td>十</td><td>元</td><td>角</td><td>分</td></tr>
<tr><td></td><td>¥</td><td>8</td><td>0</td><td>0</td><td>0</td><td>0</td><td>0</td></tr>
</table>

第二联发票

单位盖章　　　　　　　　　　　　　　　　营业员：李娜

附 29

中国工商银行

转账支票存根

IV　Ⅱ　20496025

科　　目＿＿＿＿＿＿＿＿＿＿＿＿

对方科目＿＿＿＿＿＿＿＿＿＿＿＿

出票日期　2014 年 12 月 22 日

收款人：张山市电视台
金　额：8000.00
用　途：刨煤机广告费

单位主管：王海　　会计：李海波

附 30

河北省行政事业单位收费收据

2014 年 12 月 22 日

交款单位：长城机械有限责任公司	收款方式：支票
交款金额：人民币（大写）叁仟元整	¥3000.00 元
收款事由： 职工培训费	
	日期：2014 年 12 月 22 日

第一联收据

单位盖章　　财会主管：　记账：　出纳：　复核：　经办：刘红

附 31

中国工商银行

转账支票存根

IV Ⅱ 20496025

科　　目________________

对方科目________________

出票日期　2014 年 12 月 22 日

收款人：	张山市广播电视大学
金　额：	3000.00
用　途：	培训费

单位主管：王海　　会计：李海波

长城机械有限……财务专……

附 32

中国工商银行 进 账 单（回单）1

2014 年 12 月 23 日　　　　第 6724 号

付款人	全　称	广州鸿达有限责任公司	收款人	全　称	长城机械有限责任公司
	账　号	216853647012		账　号	685088096001
	开户银行	广州工行天河支行		开户银行	张山市工商银行桥东支行

人民币（大写）	千	百	十	万	千	百	十	元	角	分
柒万零贰佰元整			¥	7	0	2	0	0	0	0

票据种类	银行汇票	张山市工行桥东支行 2014.12.23 收讫
票据张数	1 张	
单位主管：　会计： 复　核：　记账：		收款单位开户行盖章

此联是收款人开户行给收款人的回单

附 33

河北增值税专用发票

此联不作报销、扣税凭证使用　　　　　　№130062140

（印章：全国统一发票监制章 河北省 国家税务局监制）

开票日期：2014 年 12 月 23 日

购货单位	名　　称：鸿运有限责任公司 纳税人识别号：150534871306411 地 址、电 话：张山市 开户行及账号：建行西支 532—12	密码区					
货物或应税劳务名称	规格型号	单位	数量	单价	金额	税率	税额
转载机		台	20	3000	60000.00	17%	10200.00
合　计：					60000.00		10200.00
价税合计（大写）	⊗柒万零贰佰元整			（小写）￥70200.00			
销货单位	名　　称：长城机械有限责任公司 纳税人识别号：1906030011167898 地 址、电 话：张山市维一路 126 号 开户行及账号：工行东支 685088096001	备　注	（印章：长城机械有限责任公司 发票专用章）				

第三联：记账联　销货方记账凭证

收款人：　　　复核：　　　开票人：张力宏　　　销货单位：（章）

附 34

出 库 通 知 单

2014 年 12 月 24 日　　　　　　第 8 号

编号	名称	规格	单位	应发数量	实发数量	单位成本	总价 十	万	千	百	十	元	角	分	附　注
	转载机		台	20	20	1800	￥	3	6	0	0	0	0	0	
	合计						￥	3	6	0	0	0	0	0	

附单据　张

会计：　　　仓库主管：　　　保管：　　　经手：　　　制单：

附 35

河北省增值税专用发票

此联不作报销、扣税凭证使用　　　　No130062140

（全国统一发票监制章 国家税务局监制）

开票日期：2014 年 12 月 24 日

购货单位	名　　称：华茂有限责任公司 纳税人识别号：151448039672217 地 址、电 话：广东顺德市 开户行及账号：顺德支行 465－1			密码区			
货物或应税劳务名称	规格型号	单位	数量	单价	金额	税率	税额
转载机		台	28	3000	84000.00	17%	14280.00
合　计：					84000.00		14280.00
价税合计（大写）	⊗玖万捌仟贰佰捌十元整				（小写）￥98280.00		
销货单位	名　　称：长城机械有限责任公司 纳税人识别号：1906030011167898 地 址、电 话：张山市维一路 126 号 开户行及账号：工行东支 685088096001			备　注	（长城机械有限责任公司 发票专用章）		

第三联：记账联　销货方记账凭证

收款人：　　　复核：　　　开票人：张力宏　　　销货单位：（章）

附 36

商 业 承 兑 汇 票

2014 年 12 月 24 日　　　　X10636354

付款人	全　称	华茂有限责任公司	收款人	全　称	长城机械有限责任公司
	账　号	465123458		账　号	685088096001
	开户银行	广东农行顺德支行		开户银行	张山工行桥东支行　行号

汇票金额	人民币（大写）：玖万捌仟贰佰捌拾元整	千	百	十	万	千	百	十	元	角	分
				￥	9	8	2	8	0	0	0

汇票到期日	2015 年 3 月 24 日	交易合同号	32
本汇票已经本单位承兑，到期日无条件支付票款。 此致 收款人 （华茂有限责任公司 财务专用章） 付款人盖章 负责：　　2014 年 12 月 24 日		（华茂有限责任公司 财务专用章） 汇票签发人（盖章） 负责：　　经办：	

此联是收款人开户行随结算凭证寄付款人开户行作为付出传票附件

附 37

出库通知单

2014 年 12 月 24 日　　　　　　　　第 8 号

编号	名称	规格	单位	应发数量	实发数量	单位成本	总价								附注
							十	万	千	百	十	元	角	分	
	转载机		台	28	28	1 800	¥	5	0	4	0	0	0	0	商业汇票结算
	合计						¥	5	0	4	0	0	0	0	

附单据　张

会计：　　仓库主管：　　保管：　　经手：　　制单：

附 38

中国工商银行 进账单（回单）2

2014 年 12 月 25 日　　　　　　　　第 8624 号

付款人	全　称	东山有限责任公司	收款人	全　称	长城机械有限责任公司
	账　号	685364701221		账　号	685088096001
	开户银行	张山工行东山支行		开户银行	张山市工商银行桥东支行

人民币（大写）	肆仟伍佰元整	千	百	十	万	千	百	十	元	角	分
					¥	4	5	0	0	0	0

票据种类	银行汇票
票据张数	1 张

单位主管：　　会计：

复　　核：　　记账：

张山市工行桥东支行

2014.12.25

收讫

收款单位开户行盖章

此联是收款人开户行给收款人的回单

附 39

中国财产保险公司

保 险 费 收 款 收 据

开票日期：2014 年 12 月 25 日

交款人	长城机械有限责任公司	付款方式	支票
交款事由	2015 年度汽车保险费	保险单号	86765
金额（大写）	叁仟零捌拾元整		￥3080.00
2014 年 12 月 25 日			

第二联收据

会计主管：　记账：　审核：　出纳：　经办：刘红

附 40

中国工商银行

转账支票存根

Ⅳ Ⅱ 20496025

科　　目________________

对方科目________________

出票日期　2014 年 12 月 25 日

收款人：	中国财保张山分公司
金　额：	3080.00
用　途：	支付保险费

单位主管：王海　会计：李海波

附 41

中国工商银行 进 账 单（收账通知）

2014 年 12 月 31 日　　　　第 354 号

收款人	全　称	长城机械有限责任公司	付款人	全　称	凯山煤矿有限责任公司
	账　号	685088096001		账　号	68468123405
	开户银行	张山工行桥东支行		开户银行	张山工行营业部

人民币（大写）	千	百	十	万	千	百	十	元	角	分
壹万伍仟伍佰元整			¥	1	5	5	0	0	0	0

票据种类	转账支票 112	张山市工行桥东支行 2014.12.31 收讫
票据张数	1 张	
单位主管：　会计： 复　核：　记账：		收款人开户行盖章

此联是持票人开户行给持票人的收账通知

附 42

中国工商银行借款计息通知（付款通知）

签发日期：2014 年 12 月 31 日

付款人	全　称	长城机械有限责任公司	收款人	全　称	市工商银行桥西	
	账　号	685088096001		账　号	6578999999	
	开户银行	张山工行桥东支行		开户银行	张山工行桥西支行	行号

金额	人民币（大写）：柒仟贰佰伍拾元整	千	百	十	万	千	百	十	元	角	分
					¥	7	2	5	0	0	0

结息期	10～12 月结息	计息积数		利率	

备　注：10 月和 11 月已预提利息 5800 元	张山市工行桥东支行 2014.12.31 付讫

附 43

中国工商银行

现金支票存根

IV Ⅱ 20496025

科　　目________________________

对方科目________________________

出票日期　2014 年 12 月 31 日

收款人：	长城机械制造公司
金　额：	27910.00
用　途：	提现备发工资

单位主管：王海　　会计：李海波

长城机械有限……财务专……

附 44

工资费用分配汇总表

2014 年 12 月 31 日

车间及部门		应分配工资额（元）				备注
		基本工资	各项津贴	奖金	合计	
基本生产车间	转载机生产工人	6 000	475	500	6 975	
	传送机生产工人	6 000	475	500	6 975	
	车间管理人员	1 520	100	150	1 770	
辅助生产车间	机修车间	5 000		640	5 640	
管理部门		6 500		300	6 800	
医务福利人员		600		80	680	
销售机构		580		120	700	
合 计		26 200	1 050	2 290	29 540	

复核：　　　　　　　　　　　　制表：

附 45

应交增值税计算表

2014 年 12 月

当期销项税额	当期进项税额	当期进项税额转出	已缴税金	应缴增值税
46 580	18 394			28 186

制表：　　　　　　　　　　审核：

附 46

应交城建税及教育费附加计算表

2014 年 12 月

税　种	计税依据				税率	应纳税金额
	增值税	营业税	消费税	合计		
城建税	28 186			28 186	7%	1 973.02
教育费附加	28 186			28 186	3%	845.5
合　计						2 818.52

制表：　　　　　　　　　　审核：

附 47

工会经费计算表

2014 年 12 月 31 日

月份	工资总额	提取率	应提工会经费额
12	29 540	2%	590

复核：　　　　　　　　　　制表：

附 48

职工教育经费计算表

2014 年 12 月 31 日

月份	工资总额	提取率	应提工会经费额
12	29 540	1.5%	443.1

复核：　　　　　　　　　　制表：

附 49

盈余公积计算表

2014 年 12 月 31 日

全年税后净利润	法定盈余公积 10%	公益金 5%	合计
2 057 711.78	205 771.18	102 885.59	308 656.77

复核：　　　　　　　　　　　　　　　　　　制表：